Vir Marina le Roux omdat sy als van Annie M. G. Schmidt af weet asook vir Piet Grobler se ma, Hanna, omdat sy 'n halwe Hollander is en vir sy pa, Cor, omdat hy met dié halwe Hollander getroud is.

PHILIP de VOS & PIET GROBLER
die SPREE met FOETE
Afrikaanse verwerkings van ANNIE M.G. SCHMIDT-verse

Die publikasie van hierdie boek is moontlik gemaak
deur die finansiële ondersteuning van die NEDERLANDS
LITERAIR PRODUKTIE- EN VERTALINGENFONDS

Kopiereg © 2002 in teks deur Philip de Vos
Kopiereg © 2002 in illustrasies deur Piet Grobler
Bandontwerp deur Piet Grobler
Eerste uitgawe in 2002 deur Human & Rousseau, Waalstraat 28, Kaapstad
Ontwerp en geset in 10 op 15 pt Versailles deur Teresa Williams, Kaapstad
Gedruk en gebind deur NBD/Paarl Print, Drukkerystraat, Kaapstad, Suid-Afrika
ISBN 0 7981 4234 0

Geen gedeelte van hierdie boek mag sonder skriftelike verlof van die uitgewer
gereproduseer of in enige vorm of deur enige elektroniese of meganiese middel
weergegee word nie, hetsy deur plaat- of bandopname, vermikrofilming
of enige ander stelsel vir inligtingsbewaring

Die Sprokiesskrywer

Ek ken 'n man wat verhaaltjies versin
en elke dag vroeg in die môre begin.

Van twintig oor ses en smiddags tot twee
skryf hy van hekse en elwe en feë.

Van twintig oor twee tot ongeveer ses
skryf hy van prinse en soms 'n prinses.

Dan slaap hy, en smôrens begin hy weer vroeg;
maar een enkele inkpot is glad nie genoeg.

En diep in sy tuin lê 'n vywer vol ink
waar hy tussen struike kan mymer en dink.

Hy skryf al vir jare met geesdrif en ywer
en doop soms sy pen in die ink van die vywer.

Hy het nou reeds tienduisend sprokies versin,
en het weer so pas met 'n nuwe begin.

En sou hy daar sit tot die einde, dié skrywer,
is daar seker geen ink – en 'n dolleë vywer.

inhoud

Die Sprokiesskrywer
Die mislukte fee
Flippie Floppie du Preez
Sebastiaan
Die dogtertjie-sardientjie
Vroutjie en Mannetjie
Pimpernel
Die Vlieg Annelie
Die seemeerminne
Koning Magellaan se ore
Pasop vir die hitte
Bello
As meubels gaan wandel
Die meisie met die nylon hare
Drie menere in die woud
Die Towerstokkie
Tante Truida en tant Rosie
Ou Meneer Cloete
Insekbevolkingsregister
Vingertjie-Lek
Die Tyd van elfies is verby
Die hertogin van Hotemetoot
Die soetste kind
Die prinses en die krimpvarkie
Die brug by Vrotvlei
Marietjie wat bang was vir water en seep
Isabella Caramella
Ystervarkie-wiegelied

Eenkeer was daar 'n moederfee.
En was daar kindertjies? Ja, twee.
Twee piepfyn feetjie-kindertjies
met vlerkies net soos vlindertjies.
Hul twee was albei mooi en slank,
Die een was bleek en lelieblank,
'n liewe kind ('n soete . . .),
maar die ander was vol sproete.

Die moeder voel toe erg begaan
en was dié kind met lewertraan,
met katjiesdou en hondemelk,
sy doop haar in 'n leliekelk,
maar help dit haar? O nee, o nee,
sy was en bly 'n sproetefee.

Nou kon die moeder niks meer doen,
sy gee die kind 'n afskeidsoen:
Jy het as fee (sag uitgedruk)
volledig en totaal misluk.

Gaan na die koning Barrebeit
en sê vir hom: U Majesteit,
my moeder stuur haar groete.
Ek is 'n fee met sproete.

Dalk neem die koning jou in diens.
Dus sê ek liewerster tot siens!
Miskien het hy 'n blink idee
vir 'n min of meer mislukte fee.

Die feetjie het toe ver gereis
op pad na daardie blink paleis
en prewel sy die hele tyd:
O grote Heer en Majesteit,
my moeder stuur haar groete.
Ek is 'n fee met sproete.

Maar – toe sy die paleis bespied,
begin sy rittel soos 'n riet.
En toe sy voor die koning staan,
vra hy: Waar kom dié kind vandaan?

Skoon wit van senuagtigheid
sê sy: O grote Majesteit,
my moeder stuur haar groete.
Ek is 'n spree met foete.

Die koning sê: Ek't opgelet
en merk dat jy wél voete het,
maar, liewe kindjie, glo my goed:
Ek het nog nóóit 'n spree ontmoet.

Toe gee hy dadelik bevel;
die hele hof kom aangesnel.
Die koning sê: Dít is 'n spree,
Iets héél besonders. Gee haar tee,
en gee haar koek. En pienk roomys.
Sy sal bly woon in my paleis.

Toe bly die fee, 'n lang-lang tyd
in die paleis van Barrebeit.
En nié as kamermeisie, nee!
Sy is benoem as opperspree.

Sy het 'n pragtige spinet
en blink pantoffels voor haar bed.
En al die here van die hof
kniel voor die spreetjie in die stof.
Uit hierdie storie kan jy lees,
dat jy as fee misluk mag wees,
maar heel geslaag kan wees as spree.
Dit maak mens dankbaar – Ja, terdeë!

Flippie Floppie du Preez

Gaan jy die wye wêreld in –
klein Flippie de Floppie du Preez?
Kom, bring dan vir jou oumatjie
'n papegaaitjie mee.

Maar – gaan jy strakkies na De Aar,
moet jy maar verder loop,
en daar sien jy 'n handelaar
wat ooievaars verkoop.

Maar – koop tog nóóit 'n ooievaar –
klein Flippie de Floppie du Preez.
'n Ooievaar lyk prettig, maar
wat maak 'n mens daarmee?

Sluip dié winkel snel verby,
so soetjies op jou voetjies.
Dan kom jy by die klawervlei
met sjokoladekoeitjies.

En as jy daarna linksaf gaan
verby 'n roospienk koei,
dan kom jy by 'n boom waaraan
daar olifantjies groei.

Maar – pluk tog nóóit 'n olifant –
klein Flippie de Floppie du Preez.
'n Olifant lyk mollig, maar
wat maak 'n mens daarmee?

En as dit nie te stoww'rig is
so woerts om al die draaitjies –
Gaan reguit na die wildernis,
want dáár bly papegaaitjies.

Gaan jy die wye wêreld in –
klein Flippie de Floppie du Preez?
Kom, bring dan vir jou oumatjie
'n papegaaitjie mee.

sebastiaan

Die spinnekop Sebastiaan;
met hom het dit maar sleg gegaan.

LUISTER!

Hy sê vir al sy spinnevriende:
Ek voel vandag verlep,
maar tog voel ek 'n drang van binne
om te wewe aan 'n web.

Sê sy goeie spinnevriende:
O, Sebastiaan, nee, Sebastiaan,
Sebastiaan, jy maak 'n fout,
jy kan mos nimmer nóú begin nie,
dit is só ysig koud!

Sê hy vir sy spinnevriende:
My drang vul my met pyn.
Ek spin maar net iets kleinerig,
daar agter 'n gordyn.

Sê sy goeie spinnevriende:
O, Sebastiaan, nee, Sebastiaan,
Sebastiaan, hou jou in!
Dit is tog só gevaarlik binne
om dáár 'n web te spin.

Sê Sebastiaan eiesinnig:
Nee, die Drang is glad te groot.
Sê sy spinnevriende innig:
Sebastiaan, jy soek jou dood . . .
O, o, o, Sebastiaan!
Met hom het dit maar sleg gegaan.

Hy klim toe deur die vensterraam.
Eiesinnig, en níks bang.
Sê sy goeie spinnevriende:
Kyk, daar gaan hy met sy Drang!

POUSE

Na 'n rukkie het toe ewe
dié beriggie hul laat bewe:
Daar binne was 'n moord, o, wee!
Sebastiaan is opgevee.

Die dogtertjie-sardientjie

Diep in die see by Vergeleë
was eenkeer twee sardientjies
met al hul liewe kindertjies –
een meisie en klomp seuntjies.
Maar hoeveel was daar om te kies?
Sewehonderd – en één presies!

Die enigste-klein-dogtertjie het ver ver weggegaan
en vra toe aan 'n walvis in die diepblou oseaan:

Vis, vis, grote vis
weet jy waar my mamma is?
Toe sê die walvis: Vissie klein,
jou moeder lê in suur asyn!

Die dogtertjie-sardientjie wou huil van groot verdriet,
toe vra sy aan die engelvis, en sing haar hartseer lied:

Vis, vis engelvis
weet jy waar my pappa is?
Toe sê die engelvis benoud,
jou vader lê in pekelsout!

Die dogtertjie-sardientjie was so treurig en so klein . . .
toe vra sy maar ten slotte aan die silwerblink dolfyn:

Blink, blink, blink dolfyn,
weet jy waar's my boeties klein?
Wee, o, wee, hoe moet ek sê?
Hul is in blikkies ingelê.

Die dogtertjie-sardientjie het aan die dood gedink.
Sy wens sy kon in water spring, en sommer gou verdrink.

En toe, opeens . . . wie swem doer ver so kalmpies en fraaitjies?
Haar pappa en haar mamma en haar sewehonderd maatjies!

Diep in die see by Vergeleë
was eenkeer twee sardientjies
met al hul liewe kindertjies:
een meisie en klomp seuntjies.

Nou weet ons daar is leuenaars gevul met vis-venyn:
die walvis en die engelvis en die silwerblink dolfyn!

Crossed Fish
The Orginal Brand
Traditionally Smoked

Vroutjie en Mannetjie

Vroutjie! sê Mannetjie, graag wil ek weet
wat ons vanaand straks vir aandete eet?

Groentesop, groentesop, groentesop, Mannetjie.
Hoor net hoe pruttel die sop in die pannetjie.
Maar gaan asseblief tog 'n kruinaeltjie haal.
My beursie is leeg, ek sal môre betaal.

Die mannetjie gaan toe . . . hy loop en hy loop,
want hy moes tog êrens 'n kruinaeltjie koop.
Hy stap en hy stap hope winkels verby,
maar nêrens was êrens 'n kruinael te kry.

Hy gaan toe na lande doer ver oor die see,
hy soek en hy soek. Een en almal sê: Nee!

Nie in Milaan nie en nie in Berlyn nie.
Nêrens kon hy daardie kruinaeltjie kry nie.

Hy gaan toe na Meksiko, daarna Turkye,
maar nêrens was êrens 'n kruinael te krye.

Hy soek en hy soek, dié arme kêrel,
oplaas kom hy toe by 'n plek in die Paarl.

Die deur van dié winkel staan oper as oop.
En daar lees die mannetjie: Kruinaels te koop!

Vroutjie sê: Welkom terug, my ou mannetjie.
Gooi maar die kruinaeltjie diep in die pannetjie.

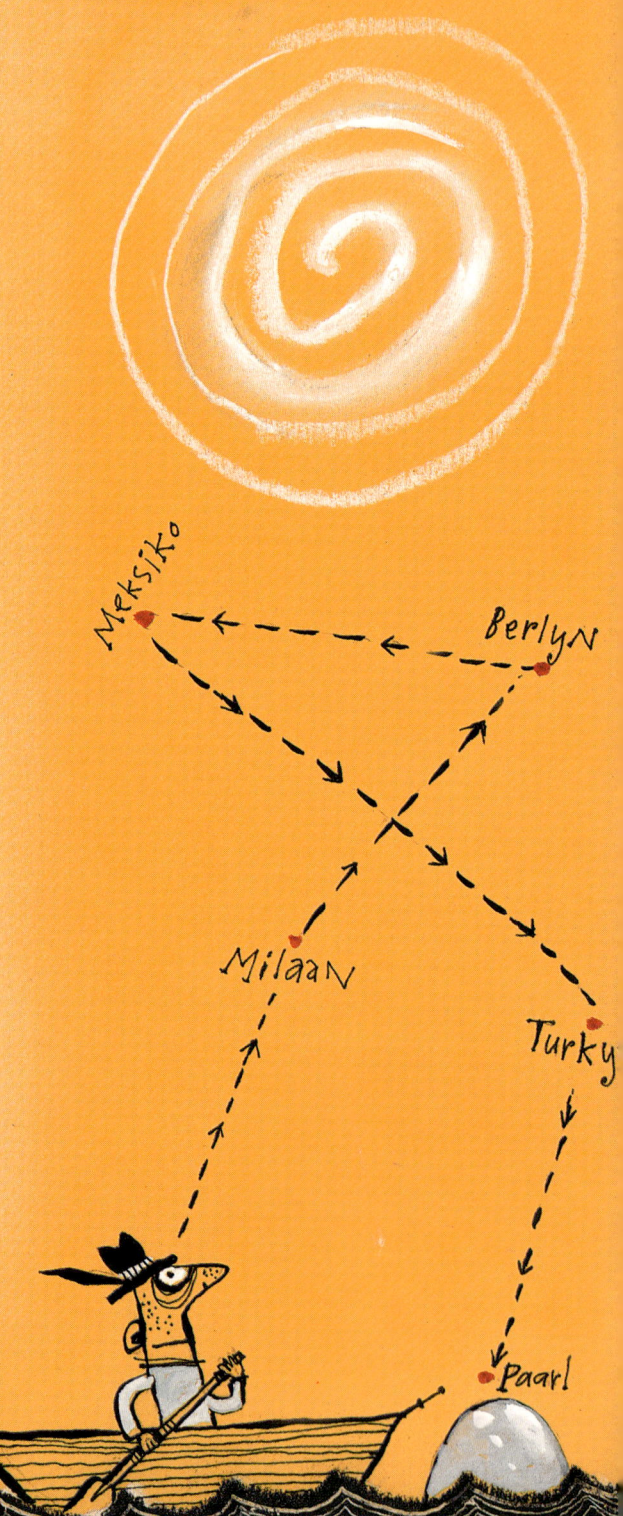

Sewe jaar lank het die sop staan en kook.
Sewe jaar lank is die vuurtjie gestook.

Toe het die tweetjies die tafel gedek
sodat die sop nog 'n rukkie kon trek.

Toe het die tweetjies die soppies geëet.
En hoe het die man en sy vroutjie geheet?
Jammer, maar dié het ek lánkal vergeet.

Pimpernel

Ken jy die padda genaamd Pimpernel?
Ken jy hom nie? Of ken jy hom wel?
Spits dan jou ore en ek sal vertel
van die eensame padda genaamd Pimpernel.

Kyk, sê die brulpadda, hier sit ek nou
alleen op my eentjie. Dis tyd dat ek trou –
tyd dat ek trou en gaan woon in 'n huis.
En hier kom nou juis so 'n skattige muis.
Maar as sy nie wil nie, vertrek ek summier
en vra sommer gou-gou 'n heel ander dier.

Sal jy met my trou, klein snoesige muis?
O nee, sê die muis, ek bly veel liewers tuis.

Sal jy met my trou, lieftallige kat?
O nee, sê die kat, jy's te grillerig nat.

Sal jy met my trou, verkeerdeveerhen?
O nee, sê die hen, jy's te goor om te ken.

Sal jy met my trou, rooi harige wurm.
O nee, sê die wurm jy's vééls te enorm!

Sal jy met my trou, nig klipkoggelmander?
O, nee, sê die dier. Ek's verlief op 'n ander!

En toe sê die padda genaamd Pimpernel:
Nou het ek genoeg en besef ek ook wel
my huweliksplanne het vieslik gefaal
en trou ek veel liewers 'n telefoonpaal . . .

Maar – die telefoonpaal staan so styf en so stil.
En sy sê nie ek sal nie, en sy sê nie: Ek wil.
En toe besef Pimpernelpadda gewis
dat stilbly mos áltyd 'n ja-antwoord is.
Toe trou hy oplaas met die telefoonpaal.
En dit is die slot van die hele verhaal.
Party sê ek jok, maar ander glo wel
dat ek altyd, ja áltyd die waarheid vertel.

Die vlieg Annelie

Daar was glo digby Montagu
'n vlieg, en sy heet Annelie.
Sy was die mooiste in die land,
so preuts en o so elegant.
Sy staan 'n ruk op haar balkon
en zoem daar saggies in die son.
En, in die lower, onder haar
sit 'n brommer op 'n blaar –
Hy lyk so groen en blou en blink –
en het alleen aan trou gedink.
Hy was erg eensaam en alleen
en kla die heeldag steen en been:

Annelie, o Annelie,
ek is vreeslik lief vir u . . .
Kom hier na my toe: een, twee, drie,
O, my liewe Annelie.

Maar Annelie kom nie so spoedig,
want Annelie was só hoogmoedig,
want op 'n Sondag in die stad
byt sy 'n Fransman op die blad.
Sy sing: Hei hei, tra la, hei hei,
nou het ek Franse bloed in my!
Sy vind die brommer doodgewoon.
Hy brom steeds met 'n hartseer toon:

Annelie, o Annelie . . .
Ek is vreeslik lief vir u.
Kom hier na my toe: een, twee, drie,
O, my liewe Annelie.

Maar Annelie op haar balkon
staan net zoemend in die son.
Sy was verwaand en bowendien
het sy nie eens die kraai gesien.
Hy het haar skielik opgepik
en in 'n oogwenk ingesluk
en weg was Annelie, die vlieg.
En nou, as ek my nie bedrieg,
sit brommer steeds daar op sy blaar
en snik: Sy't Franse bloed in haar.
My Annelie is opgevreet
en ag, ek kan haar nie vergeet . . .

Annelie, o Annelie,
ek was vreeslik lief vir u
daar in die buurt van Montagu
O, my liewe Annelie.

Die Seemeerminne

In 'n sonnige huisie reg digby die see
woon 'n meneer en mevrou Van der Lee
in kamers met kaste en stoele en tafels;
'n warm kombuisie met koekies en wafels.
Hier woon hierdie tweetjies in liefde en vrede,
maar dit was gewis wel 'n rukkie gelede.
Een oggend kom hulle die badkamer binne,
en wát sien hul daar – sestien diepseemeerminne!
Hul duik en hul dobber pardoems in die bad.
Hul plas ál die vloere en handdoeke nat.

Helaas, roep meneer Van der Lee en word wit.
Ek dag ek weet álles – en nou sien ek dít!
O, waar op dees aarde moet ek nou beginne
en wat doen 'n mansmens met sestien meerminne?
Die goed het g'n bene, net sterte en vinne.
Dit drywe my wraggies waar skoon van my sinne.
Ai tog, sê Mevrou, nou praat jy niks mooi.
Ons moet hulle liefs na ons voorkamer nooi.

Kom help my, dan draai ons die krane wyd oop,
só kan ons die kamer vol water laat loop.
Die goeters voel sekerlik stokstyf en pê.
Dit kom as mens heeldag in badkamers lê.

Die water styg hoër, die meerminne plas
tot bo teen die heel boonste laai van 'n kas.
Die meerminne giggel. Hul skree en hul skater
met borrels wat dartelend volg deur die water.
Meneer en Mevrou en hul kind stap bedees
met water wat opstyg tot onder die neus.

Dit was baie nat, maar 'n paar maande later
was hul al drie gewoond aan 'n huis vol van water.
Totdat op 'n oggend mevrou van der Lee
kyk na haarself en sê: Wraggies waar, nee!
Sy kyk na haar dogtertjie, toe na haar man.
Ons al drie het sterte. Ag, wat gaan nou aan?
Ja, al drie het sterte en skubbe daarby
en nou kon hul swem nes die visse, so vry.
Maar waarom dan bly in dié kamer. Ag, nee!
Dis heerlik en vry om te duik in die see.

Nou staan op die huis van meneer Van der Lee:
DIS NIE MEER ONS HUIS NIE. BESLIS NIE, O NEE!
KLOP SAL NIE HELP NIE, DAAR'S NIEMAND HIER BINNE.
ADRES: OSEAAN BY DIE SESTIEN MEERMINNE.

Koning Magellaan se ore

Koning Magellaan se ore
is twee grote toebehore –
groter as twee reddingsboeie;
groter as twee seekoeikoeie.
Smôrens vroeg met sy ontbyt
is 'n diensmaagd wel bereid
om met behulp van veseltou
elke oor orent te hou.
Want sy ore groei al groter,
netnou land hul in die botter!
Al hoe groter, al hoe langer
en die koning word al banger.

En as hy uitry met sy koets,
lyk dit eintlik ongepoets.
Elke oor hang dan na buite
dwarsdeur daardie koets se ruite.
Naas die koninklike kooi
staan twee kaste styf dog mooi.
Vir elke oor is daar 'n kas
net groot genoeg om op te pas.
Niemand wil hul meer bemoei
met daardie ore wat so groei.
Geen rusplek is vir hom beskore.
Alles lê die ene ore.

En as hul groter word, wat dan?
Ag, die arme, arme man!

PAS OP vir die HITTE

O, die arme Lettie Lotter
het gesmelt nes 'n bak botter,
vroeg vanoggend in die middel van die plein.
Ja, dit was so deksels warm
en toe maak 'n man alarm,
want die son het vréeslik hittig neergeskyn.
Al die mense was ontsteld toe die liewe juffrou smelt,
want dit was te aaklig naar om te aanskou . . .
En soos geel gesmelte botter,
maar gewis 'n ietsie groter
was daar later min te siene van dié vrou.

Alleenlik net haar tassie
lê so droewig in die plassie . . .
Die koerante het die nare nuus vermeld.
En die mense huil hul hees
toe hul dié beriggie lees:
Juffrou Lotter het nes botter opgesmelt.

Ja, die arme juffrou Lotter
het gesmelt nes 'n bak botter.
Dis 'n les vir almal – yslikgroot of klein:
Wees versigtig in die hitte.
En kom roer gerus jou litte,
maar bly ver weg van die middel van die plein!

Bello

Marisa had 'n hond
wat sy eenkeer uit moes laat.
Sy lei die brakkie om die park
en loop langs élke straat.
Sy's klein en lei hom aan 'n tou,
maar hy was fris en sterk gebou.
    Die brakhond sleep Marisa.
    Hulle hardloop deur die laan.
    Bello Bello Bello, moenie trek nie, asseblief.
    Bello Bello Bello, bly tog staan.

Marisa hardloop mee.
Marisa was in trane.
Hy trek haar dwars oor Holland heen
en (boing!) deur die doeane.
Dwarsdeur België gaan die reis.
Daarna Brussel en Parys,
    maar hy't nog glad geen plas gemaak.
    Marisa was gedaan.
    Bello Bello Bello, moenie trek nie, asseblief.
    Bello Bello Bello, bly tog staan.

Toe kom die twee in Rome
(ek wil dit nie oordryf)
Die pous staan by 'n venstertjie
en het vir hul gewuif.
Dit hét gebeur, dit hét gebeur.
Sy word nog verder meegesleur,
    en later hol die tweetjies
    deur Napels en Milaan.
    Bello Bello Bello, moenie trek nie, asseblief.
    Bello Bello Bello, bly tog staan.

Toe kom hul by 'n toring,
Bello en Marisa
Dié toring staan so *skeef skeef skeef*.
Die torinkie van Pisa,
en dáár het hy sy reis gestaak
en daar het hy sy plas gemaak,
    uit . . . ein . . . de . . . lik . . .

       Hè, hè,
      hè, hè.

As meubels gaan wandel

Gaan u ook 'n endjie wandel? vra die tafel vir die stoel.
Hierdie stilstaan in die kamer, laat my al hoe stywer voel.
Inderdaad, so sê die stoeltjie, ek voel wel 'n bietjie styf.
Kom, ons gaan, ons het ten slotte ook mos pote aan die lyf.

En mag ek met u mee? vra die grote stinkhoutkas.
Maar ek loop 'n bietjie stadig: want ek dra 'n grote las
met die koppies en die borde en die glase in my maag.
Gaan u saam, klein boekekassie? En die boekekas sê: Graag.

Aldus gaan daardie meubelstukke wandel langs die see.
Nie die wekker, nie die lamp nie, hul mag nimmernimmer mee.
Hulle staan nou en verknies hul in die grote, leë huis.
Ja, so gaan dit in die lewe: Wie nie pote het, bly tuis.

Die Meisie met die Nylonhare

Doer ver by die meer van Koedelare
woon 'n meisie met nylon hare.
Sy sit in 'n toring, gevange, alleen –
'n yslike toring van rots en van steen.

'n Fraaie jongman roei toe later
oor die Koedelare-water
en by die toringtronk van steen
hoor hy die meisie sug en ween.

Waarom sug jy? Wat's die rede?
Kom tog liewers na benede.
Waar's die trappies? Waar's die poort?
Het jy nie 'n silwer koord?

Ag, sê die meisie met nylonhare.
Ek sit reeds hier vir baie jare.
Hier's g'n trappies, hier's g'n tou.
Nóóit sal ek die land aanskou.

Hier sit ek so lank gevange.
Trane druppel oor haar wange.
Trane druppel een vir een
langs haar toringtronk van steen.
Die waters styg – dis te verstane:
van die baie, baie trane.
Dit styg tot teen die vensterraam.
En daar's die tweetjies nou tesaam.

Toe seil die meisie met nylon hare
ver ver weg van Koedelare.
Bo-oor die water en onder die brug.
En nimmer kom dié twee terug.

Drie Menere in die Woud

Drie deftige menere
wou in die woud kampeer
en daar sou dié menere
die somertyd spandeer.
Tóé met die nuwe groen seisoen
lees hul die weerberig.
Hul koop 'n tent van seilkatoen
en dié was waterdig.
Hul vind 'n woud vol bome,
maar dit was guur en koud.
Die reën stort neer in strome
(dit was 'n woeste woud.)

Hul sit en ril daar binne;
daar binne in die tent;
raak byna van hul sinne
en bibber ja, omtrent!
Drie deftige menere
raak grieperig en hees,
toe kom daar drie ou bere
met honger beer-idees.
Die bere was so skrander
en het mensvleis erg waardeer.
Die een sê vir die ander:
Ek's lus vir 'n ou meneer.

Hul gooi met bose snoete
die hele tent opsy.
Die omies kruip na buite
en roep: O, sotterny.
Ons vra jul om genade,
ons is deftig en al oud,
ons doen tog glad geen skade.
Ons sit net in die woud.
'n Beer sê: Liewe vriende,
dit was nie sleg bedoel.

Ons sal jul nimmer hap nie
en het reeds afgekoel.
Toe drink die drie menere
'n biertjie langs 'n boom
gesellig met drie bere
en noem mekaar glo oom.
Drie deftige menere
stap huis toe een, twee, drie
maar dink steeds aan die bere
met dank en simpatie.

Die towerstokkie

Toe Hansie Mans van Lelielaan
vanoggend vroeg die huis uit gaan,
vind hy daar by die hoenderhok
'n wonderlike towerstok.

Hy gaan weer huis toe, heel bedaard.
Daar sit sy pappa goedgeaard
en Hans sê: Hokus, Pokus, Pas,
ek wens dat Pa 'n voëltjie was.

Sy moeder kyk hom angstig aan,
en roep: Jy maak ons skoon gedaan!
Maar Hans sê: Hokus, Pokus, Pas,
ek wens dat Ma 'n voëltjie was.

Toe word sy ouers albei mossies
wat sing en vlieg oor gras en bossies.
En toe die twee aan 't fluite gaan,
moes Hansie weer na buite gaan.

En daarna word twee stokou here
twee grote goudgeel teddie-bere
en later word twee vroue
twee spierwit waaistert-poue.

Hy gaan toe skool toe en daar binne,
vra hy: Ja, waar sal ek beginne?
Die juffrou word 'n resiesperd.
Die skoolhoof word 'n koffietert.

En ál die kinders wat daar sit,
word een en almal bleek en wit.
Kerneels, en Koos en San-Mari
vir hul verander Hansie nie.

Alleen die ouer mense maar,
die hele stad deur, hier en daar.
So hardloop Hansie op 'n draffie
en waai en swaai sy towerstaffie.

Meneer Van Dijk, die joernalis
verander hy in 'n paddavis,
en juffrou Bos, 'n liewe vrou
verander hy in 'n kabeljou.

En al sy maters hardloop mee,
en almal hou van die idee.
En elke keer as iemand sou
verander in 'n blaasmakou,

dan roep die kinders: Hiep-hoera.
Dis alte lekker, ja ja ja!
Vir veertien uur het hy getoor
en toe was daar geen oues oor.

Die kinders kon nou alles doen.
Hul smeer mekaar met waatlemoen,
die hele dag en hele nag
en daar's geen ma's wat op hul wag.

Nou-ja, die skree, en lag en speel
het hulle later só verveel.
Hul klere lyk erg vuil en groen
en niémand gee hul ooit 'n soen.

Die kinders wou na bed en huis . . .
maar ag, hul moeder was 'n muis,
hul vader was 'n bul of bees,
wat was hul dan só dom gewees?

Hul gaan toe sit, soos ek verstaan,
en Hansie Mans van Lelielaan
sê: Hokus, Pokus Wielewaal!
En alles was weer heel normaal!

Hul vaders en hul moeders was
geen muis of dalk 'n veermatras,
maar doodgewone ouer mense.
En alles was gewis na wense.

Alleen die skoolhoof was skoon weg.
En Hansie Mans voel sleg, sleg sleg . . .
Hy was 'n tertjie, soos jul weet
en iemand het hom opgeeët.

Tante Truida & Tante Rosie

Tante Truida en tant Rosie
sit op 'n sofabankie
met beskuitjies in 'n dosie
en 'n warm rooibosdrankie.

Dis nat, sê tante Rosie.
Dit stort, sê tante Trui.
Ja, dit vul my met emosie,
liewe hemel, wat 'n bui.

So sit die twee en skinder.
(Geen oomblik word geswyg).
Hulle rooibostee raak minder
en die water styg en styg . . .

Die reën stort neer in strome.
Dit reën verskriklik lank.
Dit stort oor dak en bome . . .
raak aan die vensterbank.

Die waters styg net soos 'n see
tot by die sofabankie
en neem die liewe tantes mee
elk met haar rooibosdrankie.

Hul drywe oor die water.
En sit daar hand aan hand.
'n Maand of sewe later
bereik hul Kammaland.

Dáár sit tant Roos en Truitjie
steeds op hul sofabankie,
met 'n Kammaland-beskuitjie
en 'n Kammalandse drankie.

Ou Meneer Cloete

Ou meneer Cloete
was altyd sy voete
Saterdae in sy akwarium.
Hy jodel en skater,
hy plas in die water
en sing dan so ham-tiedelarium!

Moet die oom werklik plas
as hy voete wil was?
Het hy g'n badkamer, wasbak of -kom?
Sekerlik, het hy.
Wel, waarom dan sit hy
daar in sy akwarium, sê my waarom?

G'n enkele vis
kry 'n oomblikkie rus,
en voel senuagtig, wel seker gewis.
Maar – iedere Saterdag
is 'n koel-waterdag.
En die oom besef werklik hoe lieflik dít is.

Ek mag my vergis,
maar raak iedere vis
nie dalkies 'n tikseltjie vies op 'n stadium?
Want – ou meneer Cloete
het yslike voete
wat baai in sy koele akwarium.

Ja, stuur tog maar groete
aan ou meneer Cloete
op Saterdae by sy akwarium.
Terwyl die ou was
en terwyl die ou plas
en so sing met 'n ham-tiedelarium!

In die bos by die brommers en miere was gister
'n mier- en 'n insekbevolkingsregister.
Dié telboek is onlangs eers ingestel,
en daar word die miere en brommers getel;
en die man wat dit doen, die leier daarvan
is Bartholomeus de Wortelman.
Dié man tel eers sommer
elk iedere brommer
dan tel hy die miere
met allerlei giere.
Dan tel hy die torre en sê: Allemagtig,
daar's werklik tienduisend vyfhonderd en tagtig!

Daarna word die insekte opgestel
so reg in 'n ry, voor hy hulle kan tel.
En dan loop die goggas in rye verby:
'n torretjiesry en 'n kewertjies ry,
die torre dié mor
en die kewers dié knor.
Daarna kom die vlinders
nes kleurvolle kinders,
Maar Bartholomeus lyk vreeslik verwonderd:
Maar wát van die bye? Ek tel net 'n honderd.

En toe – uit die byekolonie kom strakkies
'n grimmige by met 'n grimmige bakkies.
Hy bring 'n bevel van die by-koningin:
Ons neem glad nie deel nie, want dit maak geen sin.
Die rondloop in rye
is glad nie vir bye.
Ons enigste taak is om heuning te maak!
Toe vlug al die goggas, so vies dat hul kook,
en Bartholomeus de Wortelman ook.

En sedert dié dag is daar glad geen register
van torre en miere of dalk 'n oogpister.
En nou weet g'n enkele Jan, Koos of Tos
hoeveel goggas en torre daar bly in die bos.

Vingertjie-Lek

Daar was 'n prinsessie, heel ver hiervandaan
met handskoentjies en 'n fraai manteltjie aan,
en skoentjies van goud, en 'n strik om die nek.
Dié liewe prinsessie heet Vingertjie-Lek.
Is Vingertjie-Lek dan 'n naam vir prinsessies?
Sy heet so, want sy was versot op rooi bessies,
op moerbeie, aarbeie, bessies in bottels –
en oor sy haar vingertjie in steek in skottels,
in iedere pan en in iedere kom.
Haar naam was dus Vingertjie-Lek – ja, dáárom.
Op die 1ste September kom hierdie prinsessie
om twintig oor ses nes 'n voël uit haar nessie;
die venster staan wawyd, die hemel is blou,
maar Vingertjie-Lek soek na iets om te kou.
Sy wil nie na buite, vergeet maar die lente,
want uit die kombuis kom die geur van korente,
die geur van amandeltjies hang in die woning . . .
So ruik dit met lente aan 't huis van 'n koning.
Daar was nog geen mense, die kombuis was nog leeg,
maar daar op die vloer staan 'n skottel vol deeg.
Ek's lus om te proe, sê klein Vingertjie-Lek.
Sy klim op die rand . . . ja, dis regtigwaar gek!
Daar val sy pardoef in die skottel in af.
Ai, Vingertjie-Lek! O, o, o . . . Ag, ag, ag!
Haar vader en moeder, dit spreek tog vanself,
was eindelik wakker om twintig oor elf.
Die koningin vra toe ook sommer direk:
Ag, waar is ons dogtertjie, Vingertjie-Lek?
Hul soek en hul soek soos twee yslike gekke
in gaatjies en hoekies in ál die vertrekke . . .
Hulle soek in die tuin tot om twintig oor twee,
maar toe was dit tyd vir die koningsdinee.

Ja, daar kom die gaste al: Veertien baronne
en sewe gravinne met fraaie japonne!
Eers eet hulle sop en 'n geel omelet
en toe kom die tert vir die koningsbanket.
Die koningin sug, ag, ek voel ek word gek.
Ai, waar is my dogtertjie, Vingertjie-Lek?
Vergeet, sê die koning dit maak glad geen sin:
U hou tog van roomtert, né liewe gravin?
En hy het die tert skaars 'n snytjie gegee,
O hemel, daar gaan daardie tert aan die skree.
Die tert gaan aan 't huile, 'n nare geluid,
en duidelik hoor hul: Ag, laat my tog uit!
Hy sny weer die tert, en wat kom na buite?
Ten eerste 'n hele spul trane – met tuite.
En toe kom 'n voetjie wat lyk of dit lewe
en toe 'n prinsessie met tertdeeg wat klewe.
Die mense die jubel, die mense die skree
toe Vingertjie-Lek 'n klein buiginkie gee.
My kind! sê die koning, en nou vir jou straf,
gaan lek jy jouself sommer heeltemal af!

Die tyd van elfies is verby

My vader sê: Verby, verby!
Die tyd van elfies is verby.
Nooit dartel hul soos vanmelewe
waar die wind die gras laat bewe.
Nóóit speel hul meer soos toentertyd
in die veld teen slapenstyd,
onder wilgers in die vlei.
Die tyd van elfies is verby.
Maar – toe ek een aand wakker was,
kom rus 'n maanstraal op die gras.
'n Mannetjie staan by die appelboom
met 'n melkwit perd en 'n silwer toom.
Ran plan, flindere flan,
niemand, niemand weet daarvan.

My moeder sug, my moeder sug:
Elfies kom nooit weer terug.
Nie na die vywer, nie na die tuin nie,
nie na die hoogste, hoogste duin nie.
Jy kan oor hul in boeke lees,
en nêrens anders – ek's bevrees . . .
Dié aand was die mannetjie by die hek
onder die boom by dieselfde plek.
Maar daardie nag was sy perd te koop
vir agtien sent en 'n koper knoop.
Ran plan, flindere flan,
niemand, niemand weet daarvan.

Toe vader slaap, toe moeder droom,
is ek uit by die hek langs die appelboom.
En ek ry op die spierwit perd se rug
bo-oor die heinings en bo-oor die brug.
En niemand weet dat ek daar was
met elwekinders op die gras.
En niemand, niemand kon my stop
toe ek wieg in die web van 'n spinnekop.
En niemand weet hoe gaaf dit is
om te kan speel met 'n akkedis,
en te kan wals met 'n stokou elf
en riem te spring met die koning self.
Ran plan, flindere flan,
niemand, niemand weet daarvan.

Die Hertogin van Hotemetoot

Die hertogin van Hotemetoot
het sewe pikswart katte.
Soms lê hul almal op haar skoot
volgevreet aan kattebrood
en slaap op donswit watte.

Die hertogin van Hotemetoot
het 'n hok met silwer tralies.
Daar sit haar voël met sy horrelpoot.
Hy sing hom amper halfpad dood
en raak soms erg vokalies.

Die hertogin van Hotemetoot
sê toe vir elke kietsie:
Maak nimmer-nooit my voëltjie dood,
want hy't 'n manke horrelpoot
en sing so graag 'n ietsie.

Die katte sê toe: Oukiedou!
en sluip stil-stil na buite . . .
Maar toe die gawe liewe vrou
'n slapie slaap – loer baie gou
swart katte deur die ruite.

Dié katte was so erg gemeen.
Hul monde het gewater.
Die hertogin kry toe alleen
die arme voël se horrelbeen
'n uur of sewe later.

Die hertogin van Hotemetoot
sê: Julle wrede sotte!
Nóóit lê jul ooit weer op my skoot.
Nóóit kry jul ooit weer kattebrood.
Gaan weg en vreet maar rotte!

Die soetste kind

Die soetste kind wat daar ooit was,
was Pieter Hendrik van der Plas.
Hy was sy hande, was sy voete,
skrop sy tande, skrop sy sproete.
Saans klim hy vroeg reeds in die bed,
eet ál sy vleis, maar nóóit die vet.
Eet brocolli, ja, sonder brom.
Kry 10 uit 10 vir elke som.
Sê nooit 'n enkel nare woord,
bly tjoepstil, soos 'n kind behoort.
Nooit kla of pla of kreun of steun hy;
nooit brom of grom of huil of ween hy.
Nóóit kruip hy in 'n donker kelder.
Sy hemp bly weke skoon en helder.
Sy broek bly sewe jaar lank heel.
Nóóit sou hy boelie, jok of steel.

En toe hy groot was, trou die ou
met juffrou Breggie van der Pouw.
Ses kinders het die twee gekry.
Dié dryf hul gou tot raserny.
Hul kla en pla, hul steun en kreun.
Hul brom en grom en tjank en ween.
Hul boelie almal, jok en steel.
Trek skewebek en vloek en neul
tot Pieter Hendrik van der Plas
wens al sy kinders moes verkas.
En hierdie storie wil graag toon:
Deug word nie altyddeur beloon.

Die Prinses & die Krimpvarkie

Eenkeer was daar 'n fraai prinses, die mooiste in die land.
En op haar stoep vyf vryers wat kom meeding om haar hand.
Die eerste was 'n graaf, die tweede was 'n brigadier,
die derde was 'n fabrikant van toebroodjiepapier.
Die vierde was 'n generaal. En wie was nommer vyf?
Hy was 'n klein, klein krimpvarkie met pennetjies op sy lyf.

Die keuse was so moeilik, die keuse was so swaar.
Sy kies . . . sy kies die krimpvarkie, dit spyt my, maar dis waar.
Sy kies die kleine krimpvarkie, want sy het half verwag
die diertjie word miskien 'n prins in die middel van die nag;
'n prins met blonde hare en 'n mantel van satyn . . .
So-iets gebeur in sprokies, en dan is als piekfyn.

En toe was daar 'n bruilofsfees met kos, musiek en drank,
die sluier van die fraai prinses was tagtig meter lank.
En waarso is die bruidegom? Aldus roep al die mense.
Ons soek, ons soek die bruidegom, want ons bring goeie wense.
Maar hy was nie te vinde nie. Hy's in die bruid se tassie.
Sy skaam haar vir haar mannetjie met penne op sy bassie.

En toe die kerkklok twaalfuur slaan, blaas iemand 'n trompet.
Die fees kom aan sy einde, en almal moet na bed.
Die koning en die koningin, die kok en die majoor
het iedereen so hard gesnork dat almal hul kon hoor.
Maar die bruidjie lê nog wakker, o, hoor haar jammerklag:
Ag, liewe land word tog 'n prins – dis die middel van die nag!
Sy wag toe en sy wag toe, sy wag 'n hele uurtjie.
Sy wag vir iets om te gebeur, maar hy bly steeds 'n diertjie.

Sy wag die hele lange nag, sy wag 'n hele week.
Haar man bly steeds 'n krimpvarkie en sy lyk moeg en bleek.

Toe gaan sy na haar tante Fee in die Sprokkelingewoud,
en sê: O, liewe tante, ek's met 'n krimpvarkie getroud . . .
hy is 'n gawe krimpvarkie met pennetjies wat prik,
maar ek wens dat hy 'n prins sal word, en dít bring net konflik . . .

Ja, ja, sê tante Fee, dis vervelend, glo vir my,
maar as jy eers 'n diertjie is, sal jy 'n diertjie bly.
Ek kan vir jou niks doen nie, helaas, maar ondertussen,
kan jy miskien jou man gebruik as 'n tipe speldekussing.

Die prinsessie het teruggegaan. Wie kom haar tegemoet?
Die koning en die koningin . . . met nog 'n hele stoet.

Jou bruidegom het weggeloop! skreeu hulle aangedaan.
Hy't met 'n krimpvarkie gevlug, nou's álles van die baan!

Die prinses huil sewe trane. En dit was net genoeg.
Toe klim sy haastig in die bed en in die môre vroeg
word sy om sesuur wakker en kyk gou-gou na buite . . .
Vier vryers wag daar op die stoep en tik reeds teen die ruite:
die eerste was 'n graaf, die tweede was 'n brigadier,
die derde was 'n fabrikant van toebroodjiepapier,
die vierde was nog altyd steeds dieselfde generaal,
nou moes die mooi prinsessie kies . . . ja, vir 'n tweede maal.

Oplaas kies sy die fabrikant. En dis die einde van die lied.
En hy het nóóit geprik nie en bring haar g'n verdriet.

Die Brug by Vrotvlei

Die brug by Vrotvlei is kapot.
Dit was 'n week gelede.
Die brug het mooi in twee gebreek,
maar wat was dan die rede?

Daar was glo 'n hele spul mense daarop:
die boer met sy karretjie hoppetie-hop,
'n karretjie kopkool vol brommende brommers,
'n man met tamaties, 'n man met komkommers,
die visser met harders met snoek en met kreef,
'n karretjie roomys (dit moes jy beleef!)
En 'n horingou mannetjie met sy negosie,
sy veters, sy garing en seep in 'n dosie,
en 'n kalf en 'n bul en 'n koei (alte gek)
en 'n kat en 'n os met 'n tou om die nek
en 'n bokooi, 'n skaap en 'n hond wat verhaar
en dit was nie ál nie, ja hemel sowaar.
Die brug was van yster – 'n stewige brug,
toe kom daar so wraggies 'n klein muggie-mug.
Die brug was tot nou toe nog heeltemal heel,
maar daardie klein muggie was ene te veel.
En toe met 'n vreeslike krikkerdekreek
het die yslike brug in twee stukke gebreek.
En het daardie spul in die water geval?
Ja, hul het geval in hul honderdgetal.
En is hierdie mense toe later gered?
Ja seker, ja seker (en was dit nie pret!)
En ook ál die diere, behalwe die muggie.
Hy kom wel en seker nooit-ooit weer terug nie.

Die brug by Vrotvlei is kapot.
Dit was 'n week gelede.
En almal vra wat het gebeur?
Ken jy miskien die rede?

Marietjie wat bang was vir water en seep

Marietjie de Waal van Boegoebergdam
hou glad nie van was, óf om hare te kam.
Sy hou nie van seep nie; nog minder van water.
En stel áltyd wassery uit tot véél later.
Vir naeltjies-knip was sy nog banger
en ál haar naels word al hoe langer.
O grote griet – die kind lyk naar . . .
kompleet net soos 'n vark, sowaar!
En as haar goeie moeder kom met water, seep en kam,
het morsige Marietjie gehol of weggeskram.
Dan gaan sy wild te kere, dan gaan sy aan die gil
nes of haar liewe moeder haar lewend af wou skil!
Haar moeder raak toe boos en vies van al die skree-gehuil
en sê: My kind, dan bly jy maar van nou af altyd vuil!
En nou sê ek sowaar-gewis, die laaste, laaste keer:
Nou moet jy liewer weggaan, vir jou sien ek nóóit weer.
En toe het daardie vieslik-vuil mejuffroutjie de Waal
haar moederhuis vir goed verlaat en vreeslik ver gedwaal.
Sy het met baie strate en met paaie langs geslof:
met moddervlekke op haar wang, haar klere vol van stof.
Haar klere was kompleet-presies nes ruwe struikgewas
en langs haar vieslik-vuile nek groei daar reeds buffelsgras.
Langsamerhand groei hierdie gras selfs op haar linkerbeen
en stadig, baie stadig groei dit oor álles heen.
En later – as gevolg van ál die modder stof en gras
het niemand, niemand ooit besef dat sy 'n meisie was.
Toe groei die vuile meisiekind diep in die grond in vas
kompleet net soos 'n regop boom met wortels en met bas.
En daarna bou die voëltjies hulle nessies in haar hare
en mettertyd kry hierdie kind glo takke en ook blare.
Dié storie is vir seker waar – al klink dit soos 'n droom.
En smerige Marietjie is nou 'n stinkblaarboom.

Dus . . . meisies wat bang is vir seep en vir water
word één en almal bome . . . later.

Isabella Caramella

Isabella
Caramella
plons die bybie in die bad.
    Isabella
        Caramella
           het 'n spierwit wolhaar kat
        en twee spierwit wolhaar-muise en 'n groen-en-geel konyn
      en sy het 'n grote krokodil, en sy noem dié dier Petyn.
      Isabella
       Caramella
       speel so suutjies in die sand.
      Isabella
       Caramella
       het 'n ruiker in haar hand.
    Maar . . . as daar goor besoekers kom deur die hekkie van haar tuin,
   roep sy saggies baie saggies na haar krokodil Petyn.
  en die krokodil Petyn
 eet die nare mense op,
van hul tone tot hul hare, met 'n hap en met 'n hop!
Eers was daar juffrou Carolien wat niks van kinders hou
en die dame met die tjalie wat so skinder en so snou.
Daardie krokodil verslind meneer van Hoven op die gras
tot die laaste nare stukkie van sy nare winterjas.

Isabella
Caramella
waar is juffrou Carolien?
Het jy dalk
meneer van Hoven
met sy winterjas gesien?
En die dame met die tjalie was dan so gesond en fiks . . .
Isabella
Caramella
weet mooi niks.
En sy speel
die heeldag voort
met haar groen-en-geel konyn
en daar langs haar
op die stoepie
sit die krokodil Petyn.
Isabella Caramella
sê net: Ai tog, aspatat!
Isabella
Caramella
plons die bybie in die bad.

Ystervarkie-Wiegelied

So ja, so ja, Prikkeltjie, daar buite skyn die maan.
Jy is 'n ystervarkentjie, dit moet jy goed verstaan.
Jy is 'n ystervarkentjie, dit weet jy tog ten volle.
Die leeu spog met 'n maanhaar, en luiperd spog met kolle
en onse tante eekhoring het 'n rooibruin wolhaar stert,
maar jy het net jou pennetjies, en dié is veel meer werd.
Slaap, my kleine Prikkeltjie, dan word jy groot en dik
soos Pappa en soos Mamma (en dít bring net geluk).
Die olifantjie het 'n slurp, en beer spog met sy kloue,
en papegaai het vere: daar's groenes en 'n bloue,
en onse oom kameelperd het 'n baie lang lang nek,
maar jy het net jou pennetjies, al lyk dit bietjie gek.
So ja, so ja Prikkeltjie, dit is al vreeslik laat.
Jy is die mooiste varkentjie waar mense oor kan praat.
Die ysbeer dra 'n wolhaarpels vir warm-hou van binne,
en koeie spog met horings, en visse spog met vinne,
en onse neef die otter het 'n warm donker jas,
maar jy het net maar pennetjies en dié kom goed te pas.
So ja, so ja Prikkeltjie, daar buite skyn die maan,
Jy is 'n ystervarkentjie, dit moet jy goed verstaan.